中华中医昆仑

# 王雪苔学术评传

张镜源◎主编

中国盲文出版社

**图书在版编目（CIP）数据**

王雪苔学术评传（大字版）/ 张镜源主编. —北京：中国盲文出版社，2015.12

（中华中医昆仑）

ISBN 978-7-5002-6864-2

Ⅰ. ①王… Ⅱ. ①张… Ⅲ. ①王雪苔（1925～2008）—评传 Ⅳ. ①K826.2

中国版本图书馆 CIP 数据核字（2015）第 317044 号

王雪苔学术评传

主　　编：张镜源
责任编辑：亢　淼
出版发行：中国盲文出版社
社　　址：北京市西城区太平街甲 6 号
邮政编码：100050
印　　刷：北京华联印刷有限公司
经　　销：新华书店
开　　本：700×1000　1/16
字　　数：42 千字
印　　张：7
版　　次：2015 年 12 月第 1 版　2016 年 3 月第 2 次印刷
书　　号：ISBN 978-7-5002-6864-2/K·469
定　　价：12.00 元
销售服务热线：（010）83190297　83190289　83190292

# 丛书编委会

# 前言

中医药是中华民族的伟大创造，是世界医学宝库中的夺目瑰宝，数千年来为中华民族的繁衍昌盛作出了巨大的不可磨灭的贡献，至今仍是中国医药卫生事业不可分割的重要组成部分，在维护民族体魄康健、促进经济社会发展中发挥着不可替代的作用。

中医药学，是中华传统文化和科技文明的结晶，是勤劳聪慧的中华儿女在几千年生产生活实践中，在与疾病作斗争的过程中，创造的独具特色的医学科学体系。它有着浓郁的民族特色、深厚的文化底蕴和丰富的哲学内涵。经过一代又一代中医药传人、一辈又一辈名医大家的实践探索、薪火传承、总结完善、创新发展，逐步形成了系统的理论体系、独特的诊疗方法、丰富的医学内容、实用的制药技术。具有疗效确切、用药安全、应诊灵活、普适简廉和预防保健作用显著的巨大优势，在世界医学之林独树一帜，为人类的文明进步与医疗保健事业，已经并正在作出积极的贡献。

为了弘扬中华民族传统文化，彰显中医药学家的丰功伟绩，当代中医药发展研究中心与中国文学艺术界联合会、国家中医药管理局新闻办公室、中华中医药学会、中国中医科学院、北京中医药大学、世界中医药学会联合会等精诚合作，在国家中医药管理局的支持和指导下，为中华近现代百年来贡献卓著、深受敬仰的150位中医药学家，编撰出版了这部大型传记丛书。丛书采用评传体裁，记载他们的生平事迹、医术专长、学术思想、传承教育、医风医德、养生之道和突出贡献，使这些宝贵的医学成就和精神财富发扬光大，千古流芳。

丛书取名《中华中医昆仑》。昆仑山，被尊为“万山之祖”，柱西北而瞰东南，立中国而凭世界，凌驾乾坤，巍然屹立。以其高峻豪迈、绵延起伏的磅礴气势，寓意中华中医药学历史悠久、博大精深和永不衰竭；以其挺拔雄伟、高耸入云的恢弘气魄，彪炳一代中医药学家的丰功伟绩、杰出贡献和不朽勋业。

丛书入选传主，从全国范围推荐遴选，遍及中医药界各个领域。有临床家、理论家、药学家、教育家、医史文献学家；有名师亲授、世医家教、学派传人、院校毕业和自学成才者；有师徒并驾、父子齐名和伉俪联袂者。他们学术造诣深厚、诊疗技术精湛、临床经验丰富、学科地位崇高、科研成果丰硕、医风医德高尚、国内外影响较大，从医学理论到临床实践，为中医药事业的传承和发展作出了突出贡献，是近现代百年来中华中医药界的杰出代表。

丛书的出版，对于弘扬中华文化，振兴中医药事业，造就中医药人才，普及中医药知识，具有重要的现实意义和深远的历史意义。这是一项开创性工作，填补了我国为著名中医药学家大规模撰写传记的空白；也是一项抢救性工作，因入选传主已仙逝过半，许多亲历、亲见、亲闻的史料日见散逸，将之收集整理、编撰成书，功垂后世、利国利民；更是一项承前启后的工作，总结传主经验，传承中医药伟业，继往开来，光耀世界医学之林。这部医文结合，富蕴历史性、学术性、文学性和实用性的鸿篇巨制，对医疗、卫生、科研、教育及全球关注中华中医药文化的各界人士，都有重要的参考和阅读价值。

丛书的编撰出版，是一项巨大的中医药文

化建设工程，在策划、撰写、编辑、出版过程中，自始至终得到了国家有关领导、政府部门及社会各界人士的关心和支持。国家中医药管理局高度重视，并组织专家对全书进行终审；数百名专家、学者亲临指导，参与规划；有关省、市、自治区卫生厅、局、中医局（处）给予大力帮助；传主及其亲属、弟子热情支持、密切配合；撰稿人深情满怀、辛勤笔耕；编审专家尽心竭力、精工细琢；关爱中医药事业的企业家热心公益、慷慨资助；全体工作人员不辞辛劳、无私奉献，这一切使丛书得以顺利出版。对此，我们深表谢意。

由于时间紧迫和资料搜集困难，加之水平有限，难免有疏误之处，敬请广大读者批评指正。

中华中医药学，历史悠久，源远流长，发端于远古，奔向于未来。百年对于历史，不过是短暂的瞬间；百人对于万众，不过是沧海一粟。然本丛书所记载的百年百人，则无疑是波澜壮阔的中医药发展史上辉煌的篇章和光芒闪烁的璀璨星辰。

张镜源

# 目录

要实现真正意义上的中医现代化，而不是中医西医化，关键是要在吸收现代科学技术的过程中，始终以中医理论为基石，保持与发扬中医诊疗特色。

——王雪苔

王雪苔（1925—2008），曾用名王政和，自号冬青斋主人，辽宁省义县人。著名针灸学家、中医理论家，致力于针灸学史、针灸文献、经络及针灸标准化研究，筹建中国针灸学会、世界针灸学会联合会、北京针灸学院，创办《中国针灸》杂志，推进针灸国际化和现代化。

1925年，王雪苔出生于辽宁省义县一个中医世家。曾祖父王永清擅长中医外科，父亲王玉泉（自源）以农村兽医而名闻乡里，外祖父张五云（祥斋）钻研《易经》，偶尔也用验方和艾灸给人治病。所有这些都对王雪苔产生了潜移默化的影响。

1944 年至 1948 年，王雪苔先后在锦州医学院和国立沈阳医学院（抗日战争胜利后，锦州医学院并入国立沈阳医学院）攻读西医学。1948 年冬，王雪苔到华北人民政府卫生部直属华北卫生学校担任生理教员，并协助时任华北人民政府卫生部副部长兼华北卫生学校校长的著名针灸学家朱琏编著《新针灸学》，从此走上中医研究之路。

中华人民共和国成立后，王雪苔历任卫生部直属华北人民医院（天坛医院前身）针灸科主任，针灸疗法实验所学术秘书兼教研组长。1955 年 12 月，中央卫生部中医研究院成立后，针灸疗法实验所改名为中医研究院针灸研究所，王雪苔历任针灸研究所学术秘书室副主任，中医研究院编审室副主任、文献资料研究室与医史研究室总负责人、针灸研究所所长，中国中医研究院（现中国中医科学院）副院长等职，并曾被聘为卫生部医学科学技术委员会委员兼针灸针麻专题委员会副主任委员，国家科学技术委员会中医专业组成员兼针灸组组长。他作为中国中医研究院资深研究员，是世界针灸学会联合会、中国针灸学会、北京针灸学院的主要创始人之一，还曾参与中华全国中医学会（中华中医药学会前身）的筹建工作。曾任中国中医研究院专家咨询委员会副主任委员、中国针灸学会高级顾问、中国民间中医药研究开发协会会长、世界针灸学会联合会终身名誉主席，并被波兰医学科学院聘为 Albert Schweitzer 世界医学科学院名誉院士。2008 年，经国务院批准、文化部确定为第一批“传统医药国家级非物质文化遗产针灸项目代表性传承人”。此外，他还曾担任《中医杂志》、《中西医结合杂志》、《中国针灸》、《中医研究》等十余种期刊和《中国中医药年鉴》的编委或顾问，在国内一些省、市和香港、台湾地区，以及越南、新加坡、日本、美国、加拿大、英国、荷兰等国的中医针灸学术团体和教育机构担任名誉职务。

王雪苔虽然一直担任行政职务，但从不放松研究工作。他的研究涉及针灸学、中医文献学和中国医学史等学科。在针灸学领域，研究工作包括临床研究、机理研究、经络与腧穴研究、文献研究等诸多方面。他曾主持腧穴名称国际标准化工作，指导腧穴定位国际标准化工作，并曾担任国家攀登计划“经络的研究”项目顾问。在中医文献学与医学史领域，致力于中医古籍的收集与整理研究，曾主持全国《中医图书联合目录》的后期编纂工作，亲自鉴别中医研究院图书馆收藏的7000余种中医线装书，并率先研制了适于计算机进行文献检索的中医药主题词表。该词表是《汉语主题词表》的组成部分，《汉语主题词表》获国家科技进步二等奖。他研究每有所得，即撰著成文，为20世纪中期针灸的普及和20世纪后期针灸的发展及国际化起到了积极的推动作用。其中，专著及主编著作有《针灸学手册》、《中国针灸荟萃》、《中国针灸大全》、《中国医学百科全书·针灸学》、《针灸学辞典》、《针灸史提纲》、《针灸史图录》、《〈辅行诀脏腑用药法要〉校注》、《中国当代针灸名家医案》、《中华针灸图鉴》等，并担任《中国大百科全书·中国传统医学》针灸推拿部分主编。《针灸学手册》于1956年问世，1965年修订再版，共发行70多万册，与当时全国中西医生总人数相当。颇具影响的论文有1959年发表的《矛盾法则在祖国医学辨证施治中的体现》。该论文在中医药界引起较大反响。1982年连续发表的《古代灸法考》，对振兴灸疗法起到了有力的推动作用。2000～2004年发表的《针灸的现状和21世纪的任务》、《针灸的国际化与现代化》、《论针灸特色》等文章，从战略高度阐述了对针灸现状与前景的看法，引起了国内外针灸医学界的广泛关注。

## 著书与教研并行
## 把针灸从古带到今

针灸是中华民族的一项重大发明，包含着深厚的基础理论、复杂的操作技术和丰富的临床知识，为中华民族的繁衍生息作出了重要贡献。然而，自清代后期，针灸学术发展受到严重阻碍。由于广大群众需要针灸治病，所以针灸继续在民间流传。许多针灸医生为了保存和发展针灸学术，成立了针灸学社，编印针灸书刊，开展函授教育，取得了一定成效。他们除了继承古代针灸学术外，还开始了运用近代科学知识和技术提高针灸疗效的尝试。

20 世纪三四十年代，在中国共产党领导的革命根据地，针灸获得了较广泛的运用。1944

年10月，毛泽东主席在陕甘宁边区文教工作者会议上发表了《文化工作中的统一战线》的讲话。此后许多西医医生开始学习和研究针灸，并在根据地和军队中推广应用。1945年4月，延安白求恩国际和平医院开设了针灸门诊，这是我国针灸第一次进入综合医院。1947年，济南军区卫生部编印了《实用针灸学》，华北人民政府卫生部所属卫生学校开设了针灸班。这些工作在解放区医务人员中播下了种子，促进了西医医生对针灸学术的了解。

1948年冬，经中共地下党组织介绍，王雪苔来到华北卫生学校（在河北省平山县）。由于他是学习西医的，现代医学知识丰富，故担任该校生理教员。此期间该卫生学校开设了针灸班，主要由朱琏担任针灸教学工作。此时王雪苔有机会接触到中医针灸，并看到针灸的确实疗效。自此他开始跟随朱琏学习针灸，并参加到针灸治病的实践中去。他看到了针灸的良好疗效，对针灸也产生了更加浓厚的兴趣。一方面，他加强对针灸的学习和运用；另一方面，由于解放区掌握医学知识的人较少，故他还同时担任针灸班的授课老师。他将学习针灸所得，结合自己掌握的现代医学知识，将深奥的针灸理论分专题编成讲义，并运用通俗的语言进行讲课，深得学员们的好评。

为了将沿用千年的古老针灸疗法为当代所用，将几千年前的古老语言翻译为现代语言，以满足针灸普及和推广的需要，王雪苔便在其讲课所用讲义《针灸十讲》的基础上，编著修订成《针灸学手册》，于 1956 年由人民卫生出版社出版。

20 世纪以来，受西方医学神经学说的影响，王雪苔在该书中突破了以传统中医理论阐释针灸的方式，而是以全新的视角阐述针灸的作用机制——从神经调节的角度讨论针灸治病的原理。他的这种解释方法在西医广泛传播和应用的背景下被广为接受。在书中他阐述了对古典针灸的独特理解，其中，十四经之连线方式的研究与全新理解，迄今仍有借鉴意义。王雪苔还根据自己的临床体验及古代经验，在“附录”中列示了50种常见病证的取穴，并依不同病因列示了不同的取穴，病因名称也不再采用传统的病因称谓，而多采用当时较为通行的西医说法，如腹泻分为肠炎引起、消化不良引起、受凉引起和肠结核引起四种类型分别取穴。

该书的主要特点是简明扼要地叙述针灸学的理论、治疗和腧穴，将针术与灸术分列专章论述，以最简单的语句说明操作方法、解剖部位、针刺深浅、灸的时间及治疗病证，并附有详细插图，以资对照。同时将针灸治疗的病证按疾病系统详列选穴。该书围绕针灸理论与临床，融会中西医学知识，贯通古今学术成就，非常便于初学者学习，亦可供针灸临床医师参考。此书在当时针灸界流行甚广。20世纪五六十年代，学习针灸者几乎都知道王雪苔编著的《针灸学手册》。这本初版时仅有119页、32开的“小”书，与现在动辄上百万言的鸿篇巨制相比，表面上好像显得寒酸，但却创造了一版再版，印刷发行70万册的纪录，与当时全国中西医生总人数相当。作为医学书籍，像这么大的发行量在全国是少见的。这不能不说是医学史上的一个奇迹。这本书不仅影响了几代针灸学人，有力地推进了针灸学知识的普及与推广，而且将针灸从古带到今，为针灸的传承起到了承上启下的作用。

在编撰完成代表作《针灸学手册》之前，王雪苔以其丰富的中西医知识，作为朱琏同志的助手应邀参加了朱琏的《新针灸学》编写工作。这部《新针灸学》作为融入西医神经学知识的现代针灸医学的奠基之作，不仅对后来中国针灸学的建立与发展产生了深远影响，更被翻译成多种文字，对中国针灸学向世界的传播起到了重要作用。通过编写这部具有里程碑性质的针灸学著作，王雪苔进一步加深了对针灸的理解与热爱。

1949年新中国成立后，华北卫生学校迁至北京，王雪苔协助朱琏创建了直属于中央卫生部的针灸疗法实验所。朱琏兼任所长，日常工作实际上由王雪苔主持。此间，王雪苔大力开展针灸医疗、教学、科学研究与科学普及工作。最初从事针灸医疗、教学与科学研究时，王雪苔强调以现代西方医学理论特别是神经学说作为针灸的理论基础。自1951年以后，王雪苔结交了不少针灸名家，经常与他们一起切磋学术，再加上他投入大量精力研究古今针灸文献，读了不少中医典籍，因而他的学术观点发生了较大改变，从初期的立足于西医转变到了后来的立足于中医。在这个过程中，《黄帝内经》的精深和《针灸大成》的博大，以及他在临床见到的经络现象与补泻效应，对他的学术观点转变起了催化作用。

随着对针灸认识的加深，王雪苔不再满足于对临床个别病人的疗效观察，开始了系统的针灸临床研究。当时初学针灸者一般只能做到泛泛的治疗，即来了病人不管有效无效，先扎几针再说，至于疗效如何并不太用心。这给针灸的推广带来一定困难。有鉴于此，王雪苔组织力量率先在广泛治疗的基础上，对某些常见病和多发病进行了系统深入的疗效分析，不仅肯定了针灸的疗效，而且摸索出了某些规律。如早在1951年，他便通过对北京市儿童教养院7～15岁的30名夜尿症患者的针灸治疗发现，治愈率为63.3%。更有意义的是：他认为，除了针感即得气为取得疗效必不可少的条件外，治疗效果还与以下因素有关：

（一）治疗效果与夜尿症的程度及性质有关：即有规律的夜尿症患者和程度较轻者，治愈率较高；反之治愈率较低。

（二）治疗效果与针灸治疗次数有关：即大多数被治愈的夜尿症患者只需治疗5次，经过5次以上治疗无效者，则需要配合其他治疗措施进行综合治疗才有效。

（三）治疗效果与穴位有关：即任脉位于脐下的穴位，尤其是关元穴疗效最高，从而初步证实穴位确有相对特异性，证实了特效穴的存在。

对于针灸治疗夜尿症的作用和原理，他认同朱琏的观点，即“在于激发与调整高级神经的调节和管制机能”，并强调：“作为体表刺激的针灸疗法，刺激反应到大脑皮质，很可能提高了大脑皮质对于尿意冲动的警觉性，加强了大脑皮质对于低级排尿中枢的控制机能，从而使夜尿症得到治愈。”

王雪苔将此观察结果写成临床报告，详细介绍了治疗经过，包括病人年龄、发病年龄、夜尿程度、针灸次数、穴位选择、治疗结束时病人情况及半年和一年半后的跟踪结果，并对治疗结果进行了初步统计，系统分析了治疗效果与病情、选穴、治疗次数的关系，且将其收载于朱琏的《新针灸学》（二版修订本，1954年）中。在20世纪50年代初期，王雪苔即开始对针灸临床病例详加记载与分析，并根据针灸经络理论进行取穴与行针，同时结合现代医学观点对其疗效进行分析与探讨。这对当时初学针灸者来说，无疑是一个最好的促进剂，增强了他们学习针灸的信心。

为寻找针灸疗效的现代科学证据，王雪苔虽然医疗、教学任务繁忙，并有大量的行政工作，但他仍然抽出时间，组织力量，并亲自主持，率先开展了针灸对人体免疫功能影响的研究。1952年，他带领工作组到河北省通县（现属北京市），应用北京医学院（现北京大学医学部前身）细菌科研制的“抗羊血球溶血素”，开展了针灸疗法对“补体结合反应”影响的研究。通过38例人体观察发现，在连续针灸7日后停止针灸的次日，“补体”增加者为20人，占总人数的52.6%；在停止针灸7日后，“补体”增加者增至32人，占总人数的84.2%。这就说明，在针灸停止后针灸的效果不仅没有停止，反而在一定程度上继续增加。更为重要的是，原“补体”量少者增加的多，原“补体”量多者增加的少。这就说明，针灸具有某种程度的调节作用。后来许多针灸学者都先后证实：针灸对细胞免疫功能和体液免疫功能均有明显的调节和促进作用。由此可见，王雪苔可谓是我国开展针灸疗法实验研究的先驱者之一。1952年10月16日，《健康报》以《伟大祖国的卫生建设》为题报道了此事，并附有王雪苔正在做实验的照片。

王雪苔将此项实验撰写成报告，详细记述了实验的目的、具体的实验方法，包括观察对象的选择、对象分组、选穴及手法、实验程序、“补体结合反应”所用的材料、“补体结合反应”操作方法，详细说明了实验结果的记录方式，对实验结果进行了严格的统计及认真的分析。该报告收载于朱琏的《新针灸学》（二版修订本，1954年）。

受到前期针灸临床及实验结果的触动，王雪苔再次感受到了针灸疗法的神奇。为了使这种具有良好疗效的针灸疗法能够传承下去，王雪苔产生了在全国范围内推广的想法。然而当时全国范围内尚未开展针灸教学工作。为了在全国高等医学院校推广针灸教学，王雪苔征得朱琏的同意，自1955年4月开始，至当年年终为止，经两人共同努力和筹备组织，在北京举办了“全国医学院校高级针灸师资培训班”。培训班由中央卫生部抽调全国各地医学院校以讲师或主治医师为主的医疗、教学人员参加，其中也有一定针灸临床经验者，如大连医学院的魏如恕、河北医学院的高丕泰等。这一期的讲课任务主要由王雪苔和朱琏承担，实习由针灸所有关医师承担。王雪苔主要负责针灸史、经络和穴位等的教学工作。讲课中，王雪苔注意因材施教，如讲腧穴时，针对学员有较好的西医基础知识的情况，他运用现代解剖知识，按头面、胸腹、腰背、四肢绘制了详细的腧穴解剖图，按骨度折量法取穴，并且每讲完一个区、段的腧穴就当场进行取穴示范，使这些西学中的医生们很快掌握了准确的腧穴部位，对学员们的临床实习帮助极大，节省了很多临床辅导时间。大部分学员经过三四周的辅导之后，便基本上可以独立诊治病人。

该班学员经过理论学习之后，还参加医疗队到农村进行实习。经过两个月的实习，学员们完全可以独立应诊。学员返回原单位之后，大部分在各自医学院校开展针灸教学。其中不少人后来成为全国有名的针灸专家或教授，如黑龙江中医药研究院的张缙、北京医学院（现北京大学医学部）的谢竹藩、大连医学院（现大连大学医学院）的蒋立材、贵阳医学院的刘卓佑及青岛医学院（现青岛大学医学院）的张廷筠等。

20 世纪 50 年代初期，人们对针灸能治病尚缺乏了解，运用针灸治病的专业人员也很少。为此，王雪苔非常重视针灸的普及和推广。他除在北京开办针灸培训班外，还倡导并直接参与在全国各地派遣针灸医疗组，举办针灸培训班，如西康班、山西班、内蒙班、热河班等。其间所使用的教材都是采用王雪苔编写的《腧穴解剖图》和中西医结合的部分内容。1955 年，中医 9 种教材中的《针灸学》和同时举办的卫生部“第一届西医离职学习中医研究班”及“全国针灸高级师资班”的教材编写与教学工作王雪苔都是积极的参与者。

## 兴业办学
## 引领针灸走向世界

20 世纪 50 年代之后，在针灸国际化的进程中，王雪苔是一位无畏的探索者、领军人物。在针灸发展战略上，他以机构建设为基础，以杂志建设和标准研究为推动，为中国针灸越洋过海、广为传播作出了突出贡献。

早在 1951 年，王雪苔便与朱琏一起创建了卫生部针灸疗法实验所，它成为我国针灸事业的基石。20 世纪 70 年代末以来，他先后创立了中国针灸学会，创办了《中国针灸》杂志，筹建了北京针灸学院与世界针灸学会联合会，制定了穴名国际标准及腧穴定位国际标准。从此，中国的针灸真正地走向了世界，并在世界医学中占有重要地位。

1978 年，从王雪苔担任中医研究院针灸研究所所长开始，就非常重视与针灸医疗相关的外事工作。他争取与世界卫生组织合作，在北京、上海、南京成立了三个国际针灸培训中心，亲自兼任北京培训中心的主任。同时，抽调一批经验丰富的教师，以突出中医传统理论、兼顾中西医结合、加强临床实践为教学方针，得到各国学员们的好评，很快便形成了一些发达国家的医师争相报名、要求到中国学习针灸的高潮。在此期间，为了早日把针灸推向世界，把国际针灸班办得更好，王雪苔还定期组织召开三个国际班的经验交流会。在会上，他建议成立国际针灸学院，并加强全国中医药院校招收国外针灸留学生的工作。此后，王雪苔和一些同道向各方呼吁，为北京针灸学院成立尽了最大的努力。

20 世纪 50 年代以来，中国针灸的基础研究与应用研究不断发展，针灸从业人员不断增加，特别是针灸对外的学术交流日益广泛，针灸国际化趋势也日益明显。因此，迫切需要成立专门的学术组织以加强行业领导，为针灸的进一步国际化奠定中国学术组织方面的基础。1979年，王雪苔借筹建中华全国中医学会的机会，倡议成立中国针灸学会，在一批针灸界老专家、老领导的共同努力下，该倡议得到了相关部门的认可及方方面面的大力支持。中华全国中医学会针灸专业委员会（对外名称为中国针灸学会）终于在1979年5月获准成立，王雪苔被选为副主任委员兼秘书长。

20世纪80年代，由于党和国家的支持，针灸事业不断发展，并逐步走向世界，许多国家和地区都派人来华学习针灸，国际针灸医学交流与合作日益活跃。为此，中国针灸学会作为二级学会的体制已不能适应当时的针灸发展形势。王雪苔与同仁一起适时向有关部门提出将中国针灸学会升格为一级学会的申请。几经努力，1985 年针灸专业委员会终于获准由二级学会升格为一级学会——中国针灸学会。王雪苔被选为副会长，主持常务工作。

王雪苔倡导成立的中国针灸学会，是我国中医界成立较早的全国性学会之一。成立数十年来，在落实中医药方针、政策，积极开展国内外针灸学术交流，开展以国内为主、国际合作为辅的重大针灸基础研究项目，促进中国及世界的针灸临床疗效的提高，编辑出版国内外学术刊物，在国内外普及针灸学知识，扩大针灸学的国际影响，推进针灸国际化进程等方面作了大量的有益工作，为针灸事业和中医药事业在国内与国际的发展作出了重要贡献。中国针灸学会不仅推动了我国针灸事业的发展，也加快了针灸的国际化进程。在国际化进程中，中国针灸学会不仅在中医针灸的行业管理、教育、培训、立法等方面做了大量示范性与基础性工作，更发挥了计划、组织、协调等作用，使针灸国际化有了中国针灸行业的学术保证及一个可以依托的组织机构。这都是王雪苔为我国、为世界针灸事业发展作出的杰出贡献。

中华人民共和国成立后，中国的针灸临床、科研和教育事业得到了很大发展，并逐步走向世界。许多国家，不但有针灸医师为病人治病，还办起了针灸学院。中国作为针灸的发源地和针灸医师最多的国家，却没有一所独立的针灸学院，而仅仅是在一些中医药院校内设立针灸系或针灸推拿系。这与针灸发源地、一个拥有针灸医师最多的国家实在不相称，也严重影响了国内外针灸人才的培养。

很早以前，王雪苔就产生了依托中医研究院在中国建立独立的针灸学院的念头。20 世纪 70 年代以后，各项科学事业、教育事业、学术活动得到发展。王雪苔为了实现其多年的愿望，从 1979～1982 年，在老领导鲁之俊的支持下，多次以个人、针灸专家联名、针灸学会等名义向卫生部提出建立独立的针灸学院的建议。至1982年，这个建议得到了新任卫生部部长的大力支持。可是要建立这样一所学院，运作起来还有不少困难。这时有些人劝王雪苔放弃，切勿不可为而为之。可他没有灰心，继续努力寻找时机。功夫不负有心人，机会终于来了。1983年11月，国家召开计划会议，研究1984年的发展规划。卫生部计财司的领导征得会议组织者的同意，专门安排了一个小会，请国家计委、教育部、卫生部的有关领导参加，听取了王雪苔介绍针灸在中国国内的发展现状和走向世界遇到的严峻挑战，特别是拟建针灸学院，促进针灸在国内和世界的发展，对加强中国在国际上的影响将会产生的重大意义。在场的领导同志认为，王雪苔所论证的办学理由充分，国家计委的领导同志当场表态同意在北京建立针灸学院。

1984年春，在得到国家计委和教育部的正式批文以后，中医研究院抽调一部分骨干成立了北京针灸学院筹备处，王雪苔作为研究院副院长，分管筹备处的工作。虽然他公务繁忙，然而对于针灸学院的筹备工作，大到办学方针、办学方向，小到许多文件的起草他都倾注了大量心血。王雪苔对筹备处的同志们讲，他和鲁之俊建议创建北京针灸学院的目的有两个：一是为了迎接针灸走向世界的机遇和挑战，巩固我国的领先地位；二是解决针灸研究所30多年还没有临床基地的问题。按照他当初的设想，学院除了设立两个系和一所医院之外，还设立三个部，即研究生部、国内进修部和国际进修部。这样学生在接受了本科教育以后就可以直接进入研究生教育。同时由于研究生部与针灸研究所在培养研究生工作中的密切结合，不但可以培养出大批高水平的针灸人才，而且还能带动针灸研究工作的发展。

经过两年多的努力，北京针灸学院于1986年正式成立，并在当年夏季招收了首届针灸专业本科大学生，学制五年。后来因教育部规定大学必须有两个以上专业，除针灸专业外，北京针灸学院又增设了中医骨伤专业，并于1988年改名为北京针灸骨伤学院。在20世纪90年代末全国高等院校的合并浪潮中，北京针灸骨伤学院于2000年夏天被并入北京中医药大学。

针灸从公元6世纪就走出了国门，但要联合世界各国的针灸医学工作者共同研究和发展针灸，却是到了现代才能憧憬。20世纪80年代是针灸在国际、国内发展的鼎盛时期。随着中国针灸学会的成立，世界很多国家和地区也成立了针灸学会（协会），数千名国际针灸班毕业的学员，活跃在各国的卫生战线，并取得了辉煌的成绩，在世界范围内出现了针灸热潮，国际间的针灸应用与研究不断增多，各种针灸学术交流日益频繁。

王雪苔凭借一位优秀学者的敏锐目光及卓越组织者的才能，关注到这一可喜现象，并从中发现了一些问题。他深入研究各国相继出现的针灸学术团体的性质、规模、构成等，特别是带有区域性的针灸学术团体组织在当时针灸学术发展中的作用。其中创办较早、影响较大的有“二战”以后在法国成立的“国际针灸协会（SIA）”，它只吸收个人会员。1983 年，奥地利成立的“国际针灸与相关技术医学会（ICMART）”，其特点是成员必须有西医身份。“国际针灸协会”在 1965～1985 年召开了 8 次世界针灸大会，中国仅仅派代表出席了第六、七、八次会议。在当时国际针灸发展的潮流中，中国并没有站到应有的位置上，这与针灸发源地的身份极不相称。实际上多数国际针灸专家也认为，中国如能介入进来必将对针灸学术的发展起到积极的推进作用。1965 年，第一届世界针灸大会召开时，保留了我国的席位和报告时间就说明了这一点。出于强烈的历史责任感，王雪苔认为，至20世纪七八十年代，各自单一国度及上述两个针灸学术团体已不能适应这种相互联系的国际间针灸学科的合作研究与学术交流，需要成立相应的国际机构以便协调与组织世界各国已有的针灸学术团体之间的工作。所以，在1982年世界卫生组织西太平洋地区召开的穴名会议上，王雪苔倡议成立世界针灸学会联合会。此后，1982～1987年，他以筹备委员会秘书长的身份具体主持了世界针灸学会联合会（简称“世界针联”）的创建工作。在“世界针联”筹建之初，把“世界针联”建成一个什么性质的组织，各国观点不一，矛盾尖锐，有的国外学术组织甚至要求退出筹备工作。在这种情况下，王雪苔凭借他在世界针灸界的影响和威望，凭借他对各国针灸现状的熟悉和了解，凭借他的智慧和人格魅力，同时借助他作为筹委会秘书长的工作便利，在与筹委会成员的日常通信之中、在筹委会的会议上，认真分析针灸在一些国家的发展状况和法律地位、各国针灸学术组织的状况，力陈发展世界针灸事业、中西医加强团结合作的重要性，讲明道理，耐心说服，坚持原则，讲究策略，以理服人，使持不同观点的代表能够以维护针灸事业发展大局为重，以利于“世界针联”的建设与发展为重，求同存异，共同做好“世界针联”的筹建工作。在以王雪苔为代表的国内外专家和学者的不懈努力下，在世界卫生组织的支持下，世界针灸学会联合会终于1987年11月22日在北京成立，成为总部设在北京的世界性学术组织，这在当时我国的所有自然科学学科中是少有的。“世界针联”成立之初就联合了覆盖100多个国家和地区的55个针灸学术组织，有近4万名成员。随即召开的“世界针联”第一届世界针灸学术大会，有来自50多个国家和地区的1500名针灸学者出席了会议，人数超过了以往历次国际针灸学术会议。在成立大会上，中国针灸学会会长胡熙明当选为首任“世界针联”主席，王雪苔被选为首任秘书长。大会通过了《世界针灸学会联合会章程》，明确了“世界针联”的性质、任务、会员条件等，确立了联合各国合法针灸学术团体、团结协作、共同传播、发展针灸学术的组织建设方针，明确了“世界针联”的组织发展方向。“世界针联”的成立，标志着我国针灸学科的先进水平和领导地位，在国际针灸界得到充分的肯定，把 20 世纪 80 年代我国针灸事业的发展推向了高潮，这是现代针灸发展史上的一座里程碑。

1990 年，在法国召开的第二届“世界针联”学术大会上，由于王雪苔在国际针灸界所具有的名望，他以绝对多数票被会员大会代表选为第二届世界针灸学会联合会主席。2000 年 11 月 11 日，在韩国汉城（现首尔）召开的“世界针联”第五届会员大会上，他被聘为“世界针联”终身名誉主席，以肯定他对“世界针联”所做的工作，以及在针灸学科发展、针灸国际化方面的杰出贡献。

“世界针联”成立后，王雪苔又努力推动其与世界卫生组织的联系。他提议从机构联系、学术活动、人才培养、标准制定等方面入手，争取世界卫生组织更多的工作支持、经费资助等。事实证明，他的这一观点是非常正确的。其后的“世界针联”多数学术会议都是与世界卫生组织联合召开的。自1998年与世界卫生组织建立非政府性的正式工作关系以后，“世界针联”不但可以派人出席世界卫生组织召开的世界卫生大会和区域性会议，还与之签订了每期3年的合作计划。“世界针联”的发展正进入一个新阶段。由于得到了世界卫生组织的支持，“世界针联”在国际上的影响越来越大，加速了针灸国际化的进程。“世界针联”从筹划、建立到发展、壮大，王雪苔倾注了大量的心血，这是他在针灸国际化进程中所作出的又一重要贡献。

创办一本针灸界自己的期刊，这是现代针灸学者们的共同心愿，许多针灸学家为之努力。1933～1937 年，由承淡安创办的《针灸杂志》共出版了 36 期。1944～1947 年杨医亚、马继兴创办的《中国针灸学》杂志共出版了 4 期。1949 年后，还有《中南针灸》、《现代针灸》等杂志出版，可惜时间都不长。1966 年中医研究院曾出版过《针灸杂志》，借用了《中医杂志》的编辑力量和版号出刊，但只出了 3 期就因故而终止了。

长期以来，王雪苔也有这样的心愿："一定要在我国创刊一个高水平的针灸杂志。"20 世纪 70 年代末，在时任中医研究院院长、首任中国针灸学会会长鲁之俊的大力支持下，王雪苔开始为创办一个高水平的针灸杂志而努力。他制定了"提高为主，兼顾普及，丰富多彩，实事求是”的办刊宗旨，确定了办刊目的是“既要能反映我国的针灸学术水平，又要适合全国广大医务工作者学习和提高的需要”，提出办刊原则是“坚持实践是检验真理的唯一标准，坚持理论联系实际，认真贯彻百花齐放、百家争鸣的方针，充分发扬学术民主，提倡不同学术观点的学者之间进行自由讨论”。他精心规划着编辑班子的配备、明确挂靠单位与领导关系，从稿件来源、刊期，甚至到版面形式、刊物名称、各栏目比例等，他都认真思考，反复研究。杂志定名为《中国针灸》，既表明了身份地位，又涵盖了整个学科的内容，且又朗朗上口，易读好记。正是由于制定了恰当的办刊宗旨和任务，《中国针灸》杂志创办30年来，一直得到针灸界广大同仁的欢迎和爱护，现已成为反映我国针灸临床与科研水平的重要学术窗口。

多年来，《中国针灸》全面报道国内、国外针灸学科的最新研究成果，介绍临床有效的治疗方法，提供各种技能培训、继续教育培训、学术会议及医疗器械产品信息等，很好地指导着世界医疗卫生专业人员从事针灸临床、教学和科研工作。在国家中医药管理局举办的全国中医药优秀期刊评比中，《中国针灸》曾先后获得二等奖、一等奖。在105种中医药期刊中，2009年，《中国针灸》被中国学术期刊评价委员会评为“RCCSE中国权威学术期刊”。经过多年努力，《中国针灸》已经成为中国科技核心期刊、中文核心期刊、中国医学专业核心期刊、全国中医药优秀期刊、RCCSE中国权威学术期刊，并被《中文科技期刊数据库》、《中国科学引文数据库》及美国《化学文摘》(CA)、美国《医学索引》(MEDLINE)、日本科学技术文献数据库（JST)、波兰《哥白尼索引》（IC）等数据库收录，实现了王雪苔的愿望，真正成为了一个高水平的针灸杂志。

在针灸国际化进程中，王雪苔的另一重要

贡献是他很早便提出了开展针灸国际标准化工作。

由于中国幅员广大，方言众多，以及针灸不仅用于中国而且还在日本、韩国、越南等周边国家应用，针灸术语的命名存在许多差别，由此产生各种问题。例如，某些穴位有许多不同的名称，相同的中国汉字的发音也不同，这就导致了许多错误和理解上的困难。1955 年，在王雪苔组织召开的一次座谈会上，北京医院的前苏联内科首席专家瓦格拉力克代表苏联医学专家反映他们对学习中国的针灸很感兴趣，但是却苦于中国医师对穴名的发音不统一，难以准确掌握穴位名称。王雪苔敏锐地意识到，针灸要走向世界，穴位名称的统一将是一个不容忽视的问题。于是当即决定组织人力搞经穴名称标准化工作。这项工作后来交给了以王德深为主的课题组来进行，由于种种原因，其后中断了多年，1980 年 10 月又继续进行，中国方面仍由王雪苔主持。1982 年，以我国专家意见为主的提案终于在世界卫生组织西太区办事处举行的马尼拉会议上获准通过；又经过了三次地区会议，1989 年 11 月在日内瓦，世界卫生组织正式通过了《针灸穴名标准》。在西太区代表的讨论中，争论最大的是要不要采用汉语拼音来拼写穴名的问题，王雪苔率领中国代表团据理力争，终于达成了共识，确定了由汉语拼音、代号、汉字组成的穴位标准名称。该标准经过世界卫生组织的发布与施行，纠正了穴名的混乱，方便了学术交流，成为针灸涉外医疗、教学和学术交流重要的沟通形式，推动了针灸在世界范围内的普及、推广和应用。

2008 年，腧穴定位国际标准（WHO SATANDARD ACU－ PUNCTURE POINT LOCATIONS IN THE WESTERN PACIFIC REGION）由世界卫生组织西太区颁布。该标准的制定、颁布与王雪苔有一定的渊源关系。

1989年，王雪苔从一好友处得到重要信息，日本经穴委员会完成了“经穴定位国际标准日本方案”，并即将提交世界卫生组织西太区，建议开展经穴定位的国际标准研究。王雪苔得知该消息后，立即向国家中医药管理局汇报了这一重要情况，并建议立即成立课题组启动相关研究，同时提出了实施方案。由于种种原因，王雪苔没有成为这一项目的负责人，但他始终以一种高度的责任心与使命感关心该项目的实施与推广工作。后来世界卫生组织西太区因故停止了该项工作，直至2003年，西太区才再次启动该项目。世界卫生组织西太区于当年的10月在马尼拉召开了第一次非正式会议，研究穴位位置的标准化问题，准备利用两三年的时间解决腧穴定位标准。王雪苔作为中国方面著名学者参加了世界卫生组织西太区启动的经穴定位国际标准研究项目。他以坚实的专业知识、丰富的国际交流经验和出色的领导才能，在有关经穴定位的基本原则、方法、骨度和基准点，经穴定位的表述方法以及样稿的编写等方面起到了决定性作用。正如世界卫生组织西太区传统医学官员在会议闭幕式上的发言中所指出的：“没有王教授的出色主持，本次会议不可能取得这样大的成功。”日本《医道の日本》在报道这次会议的文章中专门配发了王雪苔作为大会主席的照片。照片的题注这样写道：“会议主席王雪苔，他表现出的丰富的控制会议进程的经验获得一致好评。”也正是由于他的出色表现，使得经穴定位国际标准制定得以顺利开展，他再次为针灸走向世界作出了重要贡献。

## 传统灸法的伯乐
## 新兴针法的推手

自古以来，在针灸学术领域，灸疗法与针刺疗法一样占有半壁江山。古代对灸法尤为重视，有关著作甚为丰富。在马王堆出土的医书中，三部与针灸相关的医书均命名为《灸经》。其内容多为灸某某经。南北朝名医陈延之说："夫针术须师乃行，其灸则凡人便施。为师解经者，针灸随手而行；非师所解文者，但依图详文则可灸；野间无图不解文者，但逐病所在便灸之，皆良法，但避其面目、四肢显露处，以创盘（瘢）为害耳（《医心方》卷二）。"可见，灸法在我国古代颇为盛行。由于它比针法更加安全而且容易掌握，几乎达到人人能够施灸治病的程度，因而积累了丰富的经验。

到了现代，由于灸法操作费时费力，而且治病环境烟熏火烤，所以很多针灸医生重针轻灸，国外的针灸医生大多数已经只针不灸，宝贵的灸法有被摈弃之虞，这不能不引起王雪苔的担心。

王雪苔对灸法的关注始于1951年初夏。据他回忆，当时的针灸门诊部患者盈门，预约登记已经排到1年以后。忽有一位患病将近10年的小儿麻痹后遗症患儿，步履维艰，由其母带来就医。王雪苔为了不使病家失望而返，遂在患儿骶部用笔标出次髎、下腰二穴，让其母按照他所教的艾炷灸法回家自灸。初不以为意，谁知1个月后，母子又来，患儿竟然由走变跑，遂又为其重新用笔标出穴位，再自灸1个月后，患儿下肢功能基本恢复正常。此次意外获效，引起了王雪苔对灸法的极大兴趣，在后来的临床中，他除了用灸法治疗小儿麻痹后遗症外，还用灸法治疗中风后遗症、哮喘、胃痛、腹泻、癃闭、阳痿、月经不调、痛经、胎位异常、肩周炎、风湿性关节炎、毛囊炎等，均多获良效。在各种病症当中，对阳虚气弱、阴寒痼冷等证效果尤佳。

1964年，王雪苔通过对上百种古代文献的挖掘和考证，撰写了供同道内部参考的《古代灸法操作丛考》一文，后经过反复修改扩充之后，于1982年连续三期发表于《中国针灸》，并更名为《古代灸法考》。文中对灸法源流、施灸材料、艾炷灸法、隔物灸法、烧灼灸法、艾卷灸法、保健灸法、天灸、水灸与内灸，以及灸器等都加以详细论述，考证所及的灸法多达60余种。许多灸法是古人世代经验的总结。古代应用不同的施灸材料、不同的隔物灸法，以及在艾卷中加入不同的药物配方，治疗各种不同的病症，都体现了辨证施灸和辨证用药的相互结合。在麻醉条件下施行烧灼灸，以及天灸、水灸等法都可收烧灼灸之效，且又可避免烧灼灸之痛。明清以来采用的艾卷灸法和灸器就是从烧灼灸法向温和灸法的发展。古代各种灸法不但用于治疗内、外、妇、儿、五官等各科疾病，而且还广泛用于预防疾病和强身益寿。因此，王雪苔认为，现代应该认真继承古人的灸法经验，并应在实际运用中加以发展、提高。

为了继承发扬灸法，从1951年开始，王雪苔始终未中断对灸法的探索，经过半个多世纪的研究，他对灸法形成了如下几点基本看法：

（一）针刺与灸疗虽然都是通过经络、腧穴而发挥作用，但因刺激性质不同、作用方式各异，所以各有所长。《黄帝内经》云："针所不为，灸之所宜。"确是至理名言。针灸医生如果轻视灸疗法就等于丢弃了一半治病手段。

（二）灸疗离不开经络、腧穴，如能在施灸过程中出现热感循经传至远隔部位则疗效更好。

（三）灸疗的作用不只是物理作用，艾绒燃

烧时的生成物及掺在艾绒当中的中药还会发挥药物治疗作用。近年来，有人企图以局部热疗取代传统灸疗，显然是南辕北辙。

（四）现代灸疗多以艾条熏烤穴位，火力温和，病人比较容易接受，但从临床效果来看，特别是从增强自身免疫力的作用来看，化脓灸明显优于温和灸，应该引起临床医生和研究者的高度重视。

（五）前些年在针灸学界有过关于“热病可灸”的讨论。其实热病是否可灸，一要看是什么热病，二要看采取什么灸法，不可一概而论。现代常用的温和灸，由于不伤皮肤，可以广泛应用；古代常用的化脓灸，因反应较强，切不可滥用，应遵从张仲景关于“火逆”之戒。

王雪苔不仅重视传统灸法的继承与发扬，对于近年来出现的新兴针法也给予大力支持，并提出宝贵的指导意见及建议。他认为，疗效是针灸的灵魂。古今针灸临床实践证明，影响针灸疗效的因素很多，针对不同的病症选用不同的针灸疗法，无疑是提高疗效的关键性措施之一。因此，继承发扬前人创造的各种针灸疗法，并在此基础上努力创造新疗法，以进一步提高疗效，最大限度地减轻由于治疗行为而引起的损伤与疼痛，是广大针灸工作者永远追求的目标。

从古至今，针灸疗法不断地推陈出新，种类与日俱增。除了古代的针灸疗法流传与发展到今天以外，现代又涌现出一系列新兴的针灸疗法。现代新兴的针灸疗法是沿着两条思路发展起来的：一是传统针灸与现代科学技术相结合，包括与电、磁、光、微波、声、热等科学技术的结合，以及与现代医疗技术的结合；二是探索发现新的针灸部位，包括新穴、新刺激区和接受针灸刺激的人体特定组织。比如，将全息生物学与针灸理论结合而诞生的各种微针系统。王雪苔认为，中医在古代就有用于诊病目的的面、舌、眼、耳、手等局部望诊、触诊方法，因而面针、舌针、眼针、耳针、手针等针刺系统的产生具有合理的理论基础。

王雪苔对新兴针灸疗法的态度一直是积极探索，只要有机会，他一定给予大力支持，并积极推动其发展。如头皮针、耳针、舌针、针刀疗法、福尔电针、挑刺疗法等，他均给予了大力的支持。

王雪苔对于新鲜事物也并不是盲目地支持，而是经过严密的考察，确认有效才会给予支持。如针刀疗法，王雪苔最初也不甚相信，曾拒绝为《小针刀疗法》一书题词。但他并不是一拒了之，而是对这一新生疗法进行详细的了解，并亲自调查大量病例，从而逐渐转变了观点，肯定了这一由针灸的针和外科手术刀两个长处融为一体的针刀疗法。鉴于针刀疗法近年来所取得的成就和发展趋势，他毅然支持建立一个逐步完善的针刀医学，并在一些大会上慷慨激昂地说："中医要走向世界，针灸之外，针刀最有前途。"同时，王雪苔本着客观求实的科学态度告诫针刀医学的研究者们，应加强针刀医学的基础实验研究，使它的新理论和新技术能得到实验数据的支持。他特别强调，要以中医基础理论指导针刀医学理论与实践发展，使针刀医学真正成为中医现代化的范例。

舌针疗法也是近年来出现的一种微针疗法。目前它的疗效已被西方医学所肯定。舌针在治疗自闭症、小儿脑瘫、视觉障碍等方面的论文先后刊登在欧洲《神经科杂志》、美国《神经科杂志》，以及美国《儿童神经科杂志》上，并被美国国家医药图书馆收入馆藏。新华社、《人民日报》、CNN、BBC、《泰晤士报》、路透社等世界著名媒体均多次向世界介绍。这些都是与王雪苔的支持分不开的。

1996 年，在同去美国参加第四届世界针灸大会的飞机上孙介光邂逅了王雪苔。早闻王雪苔是国内外知名的针灸专家，孙介光就把自己关于舌针的论文拿给当时还是素昧平生的王雪苔。意想不到的是，王雪苔竟然利用飞行的时间，认真研读了论文，还把一些计算错误都改正过来，并在会上给舌针做了这样一段评价："舌针疗法是在传统针灸基础上的新发展，其取穴与刺法都是孙介光医师的新发现，古代并无记载。大量的临床观察表明，孙介光的舌针适应证广泛，对中枢神经系统疾病的疗效尤其优异……根据舌针的特殊疗效，我确信如能将孙介光医师的舌针技术推广到全世界，必将会给无数的病人带来幸福，给社会减轻沉重的负担，并且促使医学界重新检讨防治疾病的途径与方法。"1998 年，孙介光被香港大学聘为研究员，专门研究舌针。王雪苔一直嘱咐孙介光："要想得到人们的认可，必须运用可靠的科学实验方法，得出令人信服的实验结果。"于是在王雪苔的指导下，孙介光采用正电子扫描（PET）、功能磁共振（FMRI），以及诱发电位等多种现代化的科研手段研究舌针，取得了可喜的成果。就这样，王雪苔指导孙介光独辟蹊径，创造了一门独具特色的舌针理论与疗法，治疗一些神经系统疾病如帕金森病、老年痴呆症、小脑萎缩、假性球麻痹、小儿脑瘫、多发性硬化、脊髓空洞症等，疗效显著。

对于孙介光的《实用舌针学》，王雪苔也贡献颇多。从目录、提纲、构图到出版，每个细节，他都提出了宝贵的意见。更令人感动的是，在治疗篇中他还写出了范例，并逐篇校核。《实用舌针学》于2008年由人民军医出版社出版。王雪苔还亲自指导设计、亲自验证舌针穴位仪的效果。

头皮针疗法的发展直至走向世界，也与王雪苔的大力支持分不开。头皮针疗法又称头针疗法或颅针疗法，20世纪50年代末陕西方云鹏、60年代初上海汤颂延开始用头皮针治病，并逐步完善。70年代初山西焦顺发的“头针疗法”问世，随后张鸣九、朱龙玉等相继发现头皮某些特定部位能治疗全身某些疾病，故出现了头皮针的许多流派。王雪苔的夫人陈克彦也是头皮针流派人物之一。她首先将徐疾补泻手法和灸法用于头皮针临床。头皮针问世以后，由于对一些脑源性疾病等有特殊疗效，其发展如雨后春笋，不但在国内迅速推广，而且也传播到国外，但王雪苔发现，由于各家实践经验和理论依据不同，以致针刺部位有穴、区、线、带等不同叫法，各家手法也不同，给头皮针的推广及交流带来了诸多不便。为适应国际间头皮针疗法的学术交流与推广，以利于国内外临床、科研和教学工作的开展，确保头皮针疗法的进一步发展，王雪苔主持下的中国针灸学会于1983年组织有关专家讨论，由全国头皮针研究协作组组长、中医研究院针灸研究所针法研究室主任陈克彦起草，制订了《中国头皮针施术部位标准化方案》，并在1984年6月世界卫生组织西太平洋地区穴名工作会议（东京）上正式通过，定名为《头皮针穴名国际标准化方案》。该方案于1989年11月在世界卫生组织召开的国际标准针灸穴名科学组会议（日内瓦）上正式通过，并向世界各国针灸界推荐。《头皮针穴名国际标准化方案》制订后，头皮针的推广更加迅速。

此外，王雪苔还帮助张文华发掘濒临失传的“中国元寸灸”，支持文良中钻研深刺哑门绝技，鼓励张贵发研究中医脑髓理论，用针刺任督二脉的方法，预防和治疗脑髓病，指导罗新弟创造了手针……

王雪苔既注重传统疗法的继承与发展，成为传统灸法的伯乐，又鼓励新兴针法的推广应用与研究，成为新兴针法的推手。

## 研究中医古籍
## 提出十六字主张

踏入中医行业之始，王雪苔虽未明确提出开展中医古籍研究，但他的潜意识中已经存在，并有意无意地做了一些工作。从1951年开始，王雪苔开始搜集、整理、研究中医古籍，曾先后帮助针灸疗法实验所图书室和中医研究院图书馆收藏并鉴定了大量中医古籍，自己还进行了私人收藏。

1951～1952年，王雪苔在中央卫生部针灸疗法实验所任学术秘书兼教研组长。为了进一步开展针灸研究，他在实验所内成立了图书室。当时经费虽不宽裕，但因书价很低，在他的领导下，两三年内便购买了一大批图书。其中，王雪苔最为得意的书有三部：一部是《凌门传授铜人指穴》，撰者不详，正文计60页，蝴蝶装，约于乾隆时期绘成，海内孤本；一部是《续名医类案》，清稿本，虽有些残损，但其内容有些与《四库全书》本不尽相同，学术价值较高；第三部是彭用光所撰的《简易普济良方》，明嘉靖版，国内孤本，品相很好。1955年中医研究院建院时，针灸疗法实验所更名为“中医研究院针灸研究所”。该图书室也更名为“中医研究院针灸研究所图书室”，并于1958年并入中医研究院图书馆，这些书籍在《中医图书联合目录》或《馆藏中医线装书目》（中医研究院图书馆藏）中均予收录。

由于王雪苔一向重视中医古籍的收集、整理，并积累了丰富的经验，1959年，王雪苔被指派负责《中医图书联合目录》的编辑工作。他除继续做好编辑、版本考证、索引编制、疑难问题的处理外，最重要的工作就是解决成书体例问题，包括分类、编例、前言等。对此，王雪苔均进行了正确的处理。如在分类上，与图书分类法不同之处在于：在各类医书之前设立“党和政府关于医药卫生的政策决议及有关著作”一类，这是该书的时代特色。对于是否收兽医书籍，当时争议较多。然而王雪苔的一句话：“西医不是总在动物身上做医和药的实验吗？那动物的病不是与人相通吗？兽医原本就是中医的一个分支嘛！”从而使得该问题迎刃而解。

1962年，王雪苔调至中医研究院文献资料研究室，负责古代文献、现代中医药信息和民间秘方验方的整理研究工作，这时他已完全认识到中医古籍研究的重要性，撰文《谈谈祖国医药学文献的整理研究问题》。文中明确指出：中国医药学有着几千年的历史，现存着上下2000余年的7000多种图书文献。认真整理这个文献宝库，从中吸取丰富的防治疾病的经验和理论见解，是继承发扬中国医药学遗产不可缺少的步骤。王雪苔之所以重视中医古籍，并非出于好古，更主要的目的是为了保护和继承中医。他在为《海内外珍藏中医珍善孤本选粹》写的序言中，再次表明了他的观点：“人类的科学文化都是在继承的基础上向前发展的，而中医药学的继承问题，却比西医药学更加突出。这是由于两种医药学的理论观点、诊疗方法和药物存在明显差异的缘故。西医对待疾病主要是针对病原与病变，寻求特效药物与特效的防治方法，不断用新的取代旧的。因此，西医在继承方面面对的时间跨度较短，人们注重掌握晚近的医药学成就而很少追溯过去。中医则不然，对待疾病主要着眼于纠正身体的阴阳失衡状态，扶正祛邪，所用的天然药物和通过经络而由表及里的各种非药物疗法，虽然历代也都不断地有所增加和改进，但是基础理论、原则、方法、药物，古今并无差别。因此，中医在继承方面面对的时间跨度特别长，如距今1700多年前的《伤寒杂病论》，中医药界把它奉为经典，不仅因为它完善了辨证论治法则，更重要的原因在于它所载的理法方药至今用之有效。”

如何研究中医古籍？王雪苔认为有两个研究角度，一是从图书角度进行研究；二是从中医学术角度进行研究。从图书角度研究中医古籍，包括考证书名、撰著者名号、撰写年代或年份、序跋、卷数、版本、历代著录、校注、增删、残缺散佚、修补重编等情况。从中医学术角度研究中医古籍，包括分析其编写特点和内容特点，考证其学术渊源和引文出处，评价其学术价值和治学得失，研究其对当时和后世中医学术发展的影响等。一般说来，从事文史、图书馆专业的，其研究侧重前者；从事中医药专业的，其研究侧重后者。事实上，只有把两个研究角度统一起来，才能防止偏颇。

中医古籍虽多，但几经沉浮，很多已经散

佚，故王雪苔重视中医古籍的搜集工作。这项工作贯穿于他的一生，成为其收藏古铜钱、古铜镜等爱好的发端。其中，最值得一提的是他从河北威县抢救《辅行诀脏腑用药法要》一书，这也是他最感得意之举之一。1974 年初，河北省威县中医张大昌以“赤脚医生”之名将抄本医书《辅行诀脏腑用药法要》寄至中医研究院，声称是家中所藏敦煌卷子医书的忆录本，“原卷子已因失火被焚”。至 1975 年 11 月，王雪苔闻知此事，便请示院领导亲自去河北威县查找敦煌卷子的下落。到威县后，王雪苔辗转查知该书已经被毁。然而为挽救敦煌卷子，他不顾条件艰苦，困难重重，又两次赴河北农村调查此事。功夫不负有心人，最终他在威县张大昌的一个学生家里终于有了较大收获。该学生在小笔记本上抄录了卷子上的多数内容，虽不完整，但亦可作为一个失而复得之转抄本。1988 年，受马继兴之邀，王雪苔将该转抄本与张大昌追忆本相互对勘，编著了校注考释本，收载于马继兴主编的《敦煌古医籍考释》。2008年，王雪苔对该书重新校勘、考证、整理而发行了单行本《〈辅行诀脏腑用药法要〉校注考证》，并对调查和校勘经过、研究情况及其考证情况进行了详细说明，由人民军医出版社出版。20世纪70年代，王雪苔几经辗转购买了金陵版《本草纲目》，1979年从日本找回《黄帝内经太素》残卷，1986年帮助中国中医研究院图书馆购入雍正铜活字本《古今图书集成》，这也都是其生平得意之举。

1976年，国家科委启动“七四八工程”，编制适用于计算机中文文献检索的《汉语主题词表》，王雪苔受邀参与其事，并任医药组组长，主要负责中医药学部分。他率领课题组成员，从新中国成立前后的中医药期刊刊载的文章中选录了两万余条题录，从中分析、规范出中医中药主题词两千多个，建立起主题词间的属、分、用、代、参关系，成为科研机构研制中医中药数据库的主要依据。该项目 1977 年底脱稿，1980 年出书，1985 年获国家科技进步二等奖。

从中医学术角度研究中医古籍，是把视角落到古籍的内涵，以期深入揭示古籍的本质特征，为中医学术的继承创造必要条件。从中医学术角度进行研究，工作难度和工作量都比较大，只有对古籍的全部内容进行深入细致的考察，并与相关的古籍进行认真的比较研究，才有可能做出正确的判断。这是因为任何一种中医古籍都是整个中医历史长河的一个局部，古籍的内容必然同前后左右的其他古籍存在着内在联系，研究者如不能把握全局，也就不可能准确地剖析局部。正是基于以上观点，王雪苔对整理研究中医古籍提出了“十六字主张”，即“总体设计，系统研究，把握全局，精雕局部”。已出版的大型丛书——《针灸古典聚珍》就是他实践“十六字主张”的一次有益尝试。该丛书被列为中国科学技术出版社“八五规划”重点选题，获国家古籍整理小组资助。

从中医学术领域选择某些学术价值较大的专题，围绕这些专题进行古代文献研究或古今文献研究，也是王雪苔一贯倡导的中医研究工作。他认为，中医文献研究者虽然与文史研究者一样都要面对浩瀚的古代文献，但是中医属于自然科学范畴，文史属于社会科学范畴。范畴的巨大差异，决定了中医文献研究的目的和方法不可能等同于文史研究。中医文献研究的主要目的，是挖掘古代防病治病的宝贵经验与理论知识，直接为今天的中医医疗、教育、科研所用。中医文献研究的方法除要采用文史学方法以外，还应重视古代文献的记载与现代临床观察、科学研究的结果互相印证，以期得出正确的结论。例如，他以古代用于诊病的面、舌、眼、耳、手等局部反映脏腑功能的理论，印证现代的面针、舌针、眼针、耳针、手针等微小针刺系统，从而对生物全息学说得出基本肯定的看法。

## 溯本求源
## 开创针灸学史研究

针灸作为中医学的一个重要组成部分，近代以前尚未有对针灸学史进行系统研究者。早在 20 世纪初，陈邦贤对中国医学史进行了系统研究，并撰写了专著《中国医学史》，但其中并未将针灸单独列出进行专门论述。20 世纪中期以来，随着针灸的广泛应用，对于针灸医学发展史的研究也显得越来越重要。自 20 世纪 40 年代开始学习针灸以来，王雪苔就比较关注针灸起源及其历代发展情况。近现代对我国古代针灸史进行深入、全面而清晰的研究，王雪苔当属开创者。

早在 1979 年，在北京召开的“全国针灸针麻学术讨论会”上，王雪苔以《中国针灸源流考》为题作了大会演讲，系统分析总结了针灸的起源、理论、技术和用具的不断改进，历代针灸文献、针灸教学、针灸教具的改革创新，以及针灸医学家的特长和贡献等。之后该文发表在1979年第八期的《中医杂志》上。在该文中，他通过对考古资料、古代文献如《左传》、《山海经》等的综合分析研究，判断中医针灸起源于史前的原始社会（公元前21世纪之前）；通过对出土石器的分析，他认为，砭石是后来金属针的渊源，即是针刺的原始工具，指出：“在旧石器时代，还没有专用的医疗工具，刮削器、尖状器等既是生产工具，又可以用来切开痈肿、排脓放血，它们是砭石的前身。到了新石器时代（距今10000～4000年前），由于制造石器技术的进步，先民能够根据不同用途而制造不同形状的石器，于是才有了具备特定形状用于医疗的砭石。”他的这个观点至今仍有指导意义。

王雪苔不仅重视古代文献对于针灸史研究的重要性，更认为针灸文物能为针灸史研究提供直接证据。1978 年 4 月，王雪苔任针灸研究所所长，他利用在针灸学界的影响，向全国同行发函征集有关针灸的图书和文物，不仅为针灸史的研究提供了证据，而且为日后筹建中国针灸博物馆奠定了基础。1979 年，王雪苔等应日本针灸师会之邀，访问了日本。访日期间，他以《针灸史的新证据——近年出土的针灸文物》为题作了学术报告。在该报告中，他强调了针灸文物的重要性，认为“针灸文物与历史文献相互印证，更有力地说明针灸的起源及其发展状况”。他论述了山东省微山县两城山出土的东汉画像石中的针灸行医图，为针灸起源于砭石的传说提供了证据，并提出：“神物手中所持的针形器物，我认为并不全是金属针，粗的当是针法的原始工具砭石，细的才是金属针，正好表现了战国到秦汉这个历史时期砭石与金属针并用的情况。”同时，该汉画像石的发现，进一步证实了砭石起源于山东一带，也印证了《素问·异法方宜论》中“砭石者，亦从东方来”的说法。此外，他还论述了内蒙古自治区多伦旗头道洼新石器时代遗址出土的一根磨制的石针，为砭石起源于石器时代提供了证据。青铜针的出土，证明了在古代肯定使用过青铜制造的针灸工具。1972 年，在新郑县的一座春秋战国时期的郑韩故城遗址中，出土了一枚具有九针某些特征的砭石，展示了由砭石演变为九针的过渡形状等。

20 世纪 80 年代初，针灸研究所举办针灸提高班，鉴于王雪苔在针灸学发展史方面进行过研究，便请他讲授针灸发展史。该班结束后，反响很好。后来他又给北京市举办的针灸进修班进行讲授。1981 年，黑龙江省祖国医药研究所举办针灸研究班，王雪苔应邀为其编写《针灸发展史讲义》。他在之前授课讲义的基础上，编著了《针灸史提纲》。该书虽未正式出版，确是中国第一部编年体的针灸学史专著。该书分为九章，根据不同时期针灸发展特点，将针灸发展分为九个时期，并分别总结了每个时期针灸发展的特点。在不同的时期，他分别论述了时代背景、针灸发展特点、医家、著作、教育及针灸的外传等内容，使读者对针灸的发展脉络有了一个清晰的了解。后世的针灸学史著作多是在该书的基础上进行扩充，论述框架鲜有出其右者。

为了形象地展示针灸学的发展史，王雪苔酝酿编著一本图文并茂的针灸史著作，1987 年他主编的《针灸史图录》终于由中国医药科技出版社出版。该书采取图文相映、中英文对照的形式，将针灸史从源到流地展现给读者。全书由 56 个标题、100 多幅照片连缀而成，展现了针灸的起源、历代针灸学术成就及现代针灸的发展。此前尚未有类似著作，其开创了图文并茂针灸史的先河。

王雪苔不仅从事针灸史研究，还为针灸史学的发展培养了优秀的人才。黄龙祥可谓是其得意弟子之一，1983 年始跟随王雪苔攻读针灸史及针灸文献硕士学位，1986 年毕业后留在针灸所工作，长期从事针灸学术史、针灸文献及针灸理论研究。他传承了王雪苔的衣钵，编著了引发国内外学者关注的《中国针灸学术史大纲》，辑复了中国第一部针灸腧穴经典《黄帝明堂经》，出版了国内第一部针灸古典丛书《针灸名著集成》及国内外最大的、具有文物鉴定功能的《中国针灸史图鉴》等著作，获得学术界的一致好评。

从“中国针灸源流考”到《针灸史提纲》，再到《针灸史图录》，不仅反映了王雪苔对针灸史研究的层层深入，而且也反映了中国针灸史研究的发展阶段。他的这些成就影响了一代针灸学人，为后世学者指引了前进的道路，为我国针灸史研究奠定了坚实的基础。

## 倡导经络研究
## 促进中医现代化

经络学说是中医学重要的基本理论之一，它指导着中医各科的临床实践，贯穿于中医的生理、病理、诊断和治疗各个方面，尤其在指导针灸的临床治疗和阐释针灸效应机制上有着十分重要的意义。

王雪苔认为，经络学说是古人在观察经络现象和循经联系规律的基础上形成的理论知识，它不仅是针灸理论的核心，而且在整个中医理论构架中也占有举足轻重的地位。所以他从接触针灸以来，就一直关注经络研究。他不仅亲自开展研究，而且倡导国家应对此给予大力支持；同时，他利用自己在针灸学术界的影响及其深厚的学术造诣，对于其他研究者给予鼓励和支持，为不少人排忧解难，指导点拨。

早在1949年，王雪苔在中国医科大学生理系任教时，就曾把自己从一位老中医那里看到的针感沿着全经或多经传导的现象写信报告给朱琏，建议她慎重地对待十四经。1957年，他曾设计了一套针感观察记录表，交给针灸研究所的临床科室帮助观察，后因故未果。1959年，王雪苔在《谈谈针灸治病的道理》一文中，深刻地阐述了经络和针灸治疗的关系，明确指出："经络将人体各部紧密地联系在一起，它是针灸治病的反应途径，针灸就是通过经络这个反应系统以治疗疾病的。"学术观点非常鲜明。同时，为了阐明经络联系的特征，他把经络的联系归纳、概括为四种类型，即"身体外部反应到身体外部"、"内脏反应到内脏"、"内脏反应到身体外部"及"身体外部反应到内脏"。他认为，这是经络的转输形式，人体各部位通过经络的这种转输作用而息息相关，互相作用。

1960年，王雪苔在北京中医学会年会上，以《对经络研究中若干问题的商讨》为题作了报告，对经络研究的相关问题作了总结，从经络是否存在、经络起源、经络与血脉的关系、经络的组成、经络循行路线几方面进行了系统论述。通过对古代文献的考证、临床实践的观察及实验研究结果的分析，他提出了经络与血管的区别、经脉循行路线与穴位连线的区别，强调研究经络循行路线的重要性，并形成了如下的基本观点：

（一）经络是古人对其在针灸临床和气功练功实践中发现的一种平时看不到的现象的描述，其中包括气行现象（即循经感传现象）和不同部位之间的循经联系现象，经络学说是古人对经络现象的理论解释。经络现象是客观存在的，经络学说由于经过人的头脑加工，所以难免夹杂着人为的成分。

（二）经络本来是气的运行通道，由于气与血互相依存，加之古人有时又把血脉、血络当作经络的实体，所以在古文献里往往造成概念上的混淆。其实，经络之气虽然能够影响血行，但经络并不能等同于血管。

（三）经络研究不但要重视经脉循行路线的客观检测与客观显示，还应重视经络理论的临床应用，包括在诊断方面的应用和在治疗方面的应用。福尔电针（EAV）为经络理论用于临床提供了现代化手段的成功先例。

（四）既然经络是气的运行通道，则在经络研究的同时，应该十分重视对气的理论的研究。气的理论不但渗透到中医临床与中医中药理论的各个方面，而且创始于西方的顺势医学及近年兴起的量子医学、能量医学、场效应医学、光子医学等，也显然都与气的理论有关，中医中药研究者不可对此视若无睹。

王雪苔关于经络的这些观点，即便今天看

来也依然具有指导意义，并始终贯穿于他的经络研究事业。1978年，在参加卫生部中医司起草针灸研究八年规划方案时，他除强调继续深入研究循经感传现象外，还第一次把“经脉循行路线的客观检测与客观显示”写进方案之中。20世纪70年代末至80年代，他继季钟朴之后，组织领导全国经络研究大协作，最后由26个单位联合署名，以《循经感传和可见的经络现象的研究》为题，写成研究报告，获1991年国家中医药管理局科技进步一等奖。1990年，为了促进“经络的研究”进入国家攀登计划，王雪苔和国内针灸界一些知名人士不断呼吁，争取得到国内学术界的认同。王雪苔和胡翔龙以答辩组正、副组长的身份争取的“经络的研究”项目顺利通过答辩，使之终于被列为首批公布的国家攀登计划十二个项目之一。“经络的研究”是中医学基本理论研究进入国家级重点科研资助较早的项目，从而说明中医基础理论的研究最终得到了国内学术界的认可，这对消除歧视中医的影响具有非常重要的战略意义。1993年“经络的研究”启动后，他除担任项目顾问外，还承担了经络文献研究课题。尽管“经络的研究”通过了国家攀登计划立项的各个程序，得到了国内学术界的认同，但也有专家反对将经络研究列入国家攀登计划。这种情况虽然出乎人们的意料，但也并不奇怪，因为学术研究一向是百花齐放、百家争鸣的。在这种情况下，王雪苔和国内学术界的一些知名人士不断进行呼吁，据理力争，终于克服了前进道路上的重重困难，使“经络的研究”得以实施。这种热爱中医事业、坚持真理的精神，赢得了人们的尊敬。在“八五”国家攀登计划的实施过程中，他不辞辛劳，参加会议，听取汇报，协助专家委员会安排处理好各项工作。通过四年的努力，完成了各项预定的任务，通过了科技部验收专家组的验收，顺利转入“九五”计划。他在工作中所表现出来的实事求是、求真务实的科学态度，帮助专家委员会克服了工作中遇到的一些困难，很好地履行了自己的职责。

尽管经过“八五”、“九五”研究计划，“经络的研究”又遇到了一定的困难，但是王雪苔对前途却充满了信心。在《针灸的现状与未来》一文中谈到21世纪针灸发展的前景时，他说：“20世纪是针灸临床实践带动理论研究的时代，而21世纪将是针灸理论研究取得重大的突破性进展、推动临床实践水平进一步提高的时代。由于经络学说是传统针灸理论的核心，而且在20世纪后半期的科学研究中，经络现象又得到了基本肯定，所以21世纪的针灸理论研究，将以经络研究为突破口取得重大进展。其主要成就将是对经络实质的解谜，以及与经络学说密切相关的‘气’的理论的科学阐明。”正如他所指出的那样，这种预测并非凭空猜测，而是依据科学研究的趋势做出的谨慎判断。作为一个享誉国内外的针灸学家，王雪苔不仅在中医学术上造诣很深，而且能够预见当代科学发展的总趋势和多学科交叉的特点。他不断丰富和深化自己的学术思想，在继承的基础上不断创新，既无门户之见，也无浮躁之词，求真务实，力求保持经络学说的真谛，并不断使之发扬光大。

经络理论不仅是针灸学的理论基础，更为重要的是，经络理论还是中医理论体系的核心组成部分之一。正是由于经络系统表现出来的网络周身、沟通表里、运行气血与调和阴阳等功能，才使中医理论的整体论、天人相应论、动态平衡论具备了实实在在的科学内涵。所以王雪苔一直很重视经络研究，他深信经络研究是中医现代化的一个突破口。他认为，经络研究如能把着眼点切实与系统科学、生物信息科学与微观量子科学有机地结合起来，不仅将会使经络理论提升到一个新的科学高度，还会展示出一条令人耳目一新的中医现代化之路。

在中医现代化进程中，他明确地指出："只要应用现代科学技术知识和手段研究中医中药，研究者就必然会有自己的理论设想和研究思路。按照中医理论观点设计的科研项目与按照西医理论观点设计的科研项目，其研究目标、研究途径、技术路线当然不会一样，结果也必将大相径庭。因此，预测中医药学在现代化的进程中会不会异化，关键要看对中医理论体系采取什么态度。只要我们始终坚持以中医理论体系为实现中医现代化的基石，让现代科学技术特别是现代前沿的科学技术为发展中医理论和发扬中医特色所用，中医现代化就不会迷失方向。"近年来，他利用与国内外的专家学者广泛接触之便，不断探求可用于中医现代化的新技术、新方法、新思路。他曾组织过五个医疗科研机构联合观察经络伏-安特性检测技术的临床意义，发现这种检测手段能够显示经络、脏腑的虚实寒热状态。他也曾对耳穴诊断、手穴诊断、福尔电针诊断、双指O环检查法、良导络疗法、顺势疗法、量子医学等进行多次实地考察，发现它们能够在较大程度上体现中医诊疗特色，不失为实现中医现代化可供选择或可以借鉴的有望成功之路。

在中医发展战略研究方面，他通过对针灸在国内外发展状况的分析，指出当代中医药学发展的最大特点，一是现代化，二是国际化，这是当代中医药学发展不以人们主观意志为转移的必由之路。摆在人们面前的问题，不是要不要中医现代化的问题，而是如何现代化的问题。他认为，在中医现代化的进程中，能否坚定地以中医理论体系为基石，能否坚定地保持与发扬中医特色，才是问题的关键。中医理论是中医对生命现象的观察及其防病治病实践经验的升华。不同方面的理论知识构成一个有机整体，即理论体系，则是更高层次的升华。像中医这样具有比较完整的理论体系，而且其理论又能密切指导临床实践的医学，在全世界其他民族的传统医学中是少见的。可是在中医药学与现代科学技术特别是现代西方医药科学技术的激烈碰撞中，出现了一种轻视中医理论体系的思想倾向。有些西医西药工作者，总是有意无意地想要通过科学研究，把中医中药知识纳入现代西医理论体系之中。在针灸学术领域，这种轻视中医理论体系的倾向尤其明显，凭借西医现有的神经理论，否定经络、腧穴和气的理论价值及其对临床的指导作用，就是突出的表现。因此，他十分担心在实现现代化的进程中，中医药学从根本上异化为西医药学的附庸。

关于中西医结合，他认为，从防病治病的实际需要出发，无论现在还是将来都应大力加以提倡。但是从学术发展来讲，要把两个差别很大的医学理论体系融合到一起绝非易事，至少在一个相当长的历史时期，中医现代化的前景不会是中西医学融合，而是要逐渐形成一个具有完善的中医理论体系和现代科学内涵的能够充分体现中医特色与优势的现代中医药学。这个现代中医药学，在全世界与现代西医药学并驾齐驱，共同保障人类的健康。

## 独具战略眼光
## 为针灸发展指明方向

20世纪80年代是针灸发展风起云涌的时代，是新生事物辈出的时代。王雪苔以战略家的眼光审视这一切，以学者的睿智积极支持着每一项新生事物的发展。20世纪70年代，我国在针刺镇痛领域的研究崭露头角，已经初步打开针灸临床作用机理研究的途径，传统针灸学理论与现代生命科学发生着越来越密切的联系。1981年春，天津中医学院（现天津中医药大学）汤德安在卫生部组织召开的“针灸专业本科班教学计划、课程设置和建设的专题研讨会”上，提出了“实验针灸学”教材编写提纲和教学大纲。提交大会讨论时，当时中医司的领导和多数与会者对此存有疑虑。正是由于王雪苔对这门课程所表现出的极大兴趣和明确肯定，才使情况有了转机。王雪苔以他特有的气度和亲和力，引导与会专家达成了共识，促成了“实验针灸学”这门课程的设立，并在天津中医学院率先开设，以后迅速推广到各中医药院校。

1985 年，在王雪苔的主持下，中国针灸学会首批建立了七个专业委员会，“实验针灸学研究会”便是其中之一。对实验针灸学的情有独钟不能不追溯到王雪苔早年的针灸研究经历。1952 年，王雪苔就曾带领一个工作组进行针灸对人体免疫系统影响的研究——针灸对人体“补体结合反应”的影响。研究结果不但证实了针灸对补体的增加有影响，而且还观察到这种影响是双向调节的。这项具有开创意义的工作，无疑是我国实验针灸学的开端。现在已经没有人怀疑，以针灸镇痛、针刺麻醉为肇始的针灸作用机理的研究，是沟通传统针灸理论与现代科学技术联系的重要手段，它逐渐成为针灸学现代化、国际化的必要途径。

20 世纪 70 年代以来，随着针灸国际化及现代化的发展，以及“针灸热”的出现，针灸的研究方向出现了多元化的局面。作为国内外知名的针灸学家，王雪苔深感责任重大，他将研究重点逐步转向针灸学发展战略，为针灸学指明了发展方向。

通过对 20 世纪针灸发展的回顾，1997 年，王雪苔明确指出 20 世纪针灸的发展特点是：针灸的国际化和针灸的现代化。虽然国际化和现代化促进了针灸学的发展，但他也清醒地认识到其中存在的一些问题：

（一）在针灸国际化的进程中，碰到的主要问题是国际社会对待针灸的态度问题。由于东西方的文化背景与医疗观念的差异，当西方社会接触针灸时，常常自觉或不自觉地以西方的评价标准来衡量与对待针灸医学。

（二）在针灸现代化的进程中，碰到的主要问题是针灸学术的发展方向问题，避免将针灸现代化变为针灸西医化。中医学的理论体系完全有别于西方医学，针灸是中医学的重要组成部分，理所当然地要在继承与发扬中医理论体系的前提下实现现代化。在国际针灸学术界特别是在亚洲针灸学术界，很多临床者和研究者正是循着这个方向探索现代化的。然而也有相当一部分人不了解中医理论体系的重要性，以为把针灸纳入西医理论体系就是针灸现代化。在他们眼里，针灸不过是一种物理疗法，除了针灸工具、常规刺激参数和建立在神经节段论基础之上的刺激部位有临床意义以外，经络学说、辨证论治、针灸补泻等都毫无价值。于是丰富多彩的针灸医学变成了用几根针和少数常用穴位的简单疗法。按照这种思路进行的理论研究尽管也能说明针灸的某些作用机制，但却难以指导临床实践。

针对以上这些问题，王雪苔在各种学术会议发表演说，在学术期刊上发表文章，大声疾呼：针灸的发展要重视保护和发扬其传统医学特色。他认为，21世纪针灸学的发展将是国际化和现代化齐头并进的过程，在这个过程中我们要充分发挥针灸的特点与优势，为全人类的医疗保健作出更大的贡献。他提出了针灸发展的四项战略任务：

（一）促使针灸成为世界医学的组成部分，让全人类都能获得针灸医疗服务。

（二）改进经络诊断与针灸治疗技术，向着高功效、低损伤方向变革。

（三）提高针灸临床水平，从广泛应用转向重点攻克疑难病症，并让非针非灸、无创无痛的穴位特种疗法成为亚健康人群的重要自疗手段。

（四）加强以经络学说为核心的基础理论研

究，争取取得突破性进展。

他认为，坚持这个发展方向，一个既具有中医特色又有现代科学技术内涵的现代针灸学必将产生。

王雪苔曾撰文提出，在针灸现代化的过程中，一定要注意保持和发扬针灸特色。他认为："中国针灸在几千年的发展历程中，经过长期的历史沉淀，形成了非常鲜明的特色。"他指出，针灸特色主要表现在四个方面：

（一）针灸疗法不同于药物疗法，它不能直接消除病原体，也不能补充机体必不可少的化学成分，而是通过调节机体的生理功能，激发机体固有的抵御疾病和自我修复的能力，以达到医疗和保健的目的。这种以生理机制为基础的作用特点，使针灸具有非常明显的安全优势与应用范围广泛的优势，不像药物疗法那样有明确界定的适应证和禁忌证。

（二）针灸疗法充分考虑病人的个体差异。

在中医理论指导下进行辨证施治，这是中医临床与西医临床的根本区别。针灸学是中医学的重要组成部分，当然也十分重视辨证施治，但对针灸来说，指导临床的理论核心是经络学说，在辨证时侧重辨别疾病的部位，尤其要辨别疾病所在部位的经络及受牵累的经络，为选取腧穴提供依据。同时还要辨别疾病的性质，尤其要辨别气血运行状况与虚实寒热，用以指导针灸操作。

（三）腧穴是针灸学中特有的概念，以腧穴为施术部位是针灸的又一特色。腧穴具有相对的特异性，这与药物类似。但腧穴又具有双向调节的特性，这又是它同药物性能最大的区别。

（四）针灸疗法是用特制的工具刺入腧穴，或者以燃烧着的艾绒熏烤烧灼腧穴，这是针灸操作的基本方式。围绕这个基本方式，形成了数十种针刺疗法与灸疗法。这些各有特色的针刺疗法和灸疗法是实现疏通经络、调和气血、补虚泻实、温寒清热、扶正祛邪等作用的重要手段。他认为，这些特色既显示了针灸与药物疗法的重大差异，又显示了针灸与现代物理疗法的明显区别。针灸特色是针灸理论特点、实践特点及其优势在诊疗过程中的展现。由于针灸特色与针灸疗效密切相关，所以在制定针灸发展战略时应该十分重视保持与发扬针灸医学的特色。

## 以平常心做平常人

王雪苔的一生，是忙碌而快乐的一生。他为中医针灸事业四处奔忙，为钻研学术日夜繁忙，为别人求办的事竭力帮忙。他常说："我这一生是惯为他人作嫁衣的。"的确如此。轮到自己，他不讲吃，不讲穿，生活上没有任何特殊要求。遇到关乎个人自家的大小事情，尽量自己去解决，不肯轻易去麻烦别人。以单位的轿车为例，他出去办事，近则自己步行，远则乘坐公交汽车，尽量不向单位要车。只是在接见外宾或去出席重要会议的时候，才不得不叫单位派车接送。

他也有喜怒哀乐，特别是当他助人过河而

反被拆桥的时候，当他助人登高却反被撤梯的时候，他也会郁闷不快，但是不久他就释然于怀。他常说："这就是人间百态，这就是社会现象，社会本来就是这样。""以平常心，做平常人"是他的座右铭，他确实做到了这一点。

王雪苔除了把毕生精力奉献于中医针灸事业以外，还有业余爱好与生活情趣，这就是收藏古籍、扇面画、古铜钱、古铜镜。每当收到一件满意的藏品，他会不时拿出来把玩，往往高兴两三个月。每当他对自己的藏品，尤其是古籍善本进行鉴赏考证时，往往是如醉如痴，听不见外界的喧嚣，似乎已进入到一个超然物外的境界，真是其乐无穷。

王雪苔收集的古籍以中医书为主，也有少数非医学著作。在他收藏的线装书中，如明初刊本《寿域神方》、清初稿本《医林世说新语》、清初稿本《针灸便览》（张组）、清末抄本《窦太师秘传》等，都是仅存于世的孤本。还有一本清末洋务派代表人物张之洞手书诗稿也是其最得意的藏品。

王雪苔收藏的扇面画多数出于明、清画家之手，也有一部分是近现代画家的。他最欣赏的有清初徐仿的牛，乾隆时期画家董邦达的山水，邹一桂的牡丹，王学浩的山水，现代颜伯龙的花鸟，王雪涛的鸡，陈半丁的花卉等。

王雪苔收藏古铜钱，其侧重点和别人不一样，他着重搜集的是花钱，也叫厌胜钱。这类钱在古代不属于流通货币，大多是取个吉祥、避邪之意。在钱的正面和背面，除了铸有文字以外，还常常铸上人物、动物、植物、生肖、八卦、星宿等图。他认为，这类铜钱既可以作为古代艺术品来欣赏，又具有民俗学价值。他的藏品中有一枚带有药葫芦的朱砂色的铜钱，他常常把玩，认为是古代炼丹时用的。古铜镜是他从 20 世纪 70 年代末才开始收藏的。因为此前的十几年里能够买到扇面的机会极少，所以改而搜集古铜镜，有时也会遇到一两件罕见品种。

除了热心收藏文物之外，王雪苔还爱好古代文学，有时还做副对联或写一首诗，以抒发自己的情感。1987年，在南阳出席一个鉴定会时，张仲景国医大学招待几位专家，席间河南中医学院邵经明教授出了一副上联“继承仲景医圣志”，要求在场者对出下联。正在大家冥思苦想之际，王雪苔随即口述“发扬诸葛卧龙才”。在场的专家都很佩服他才思敏捷。

1989年9月，在承淡安先生诞辰90周年的纪念会上，王雪苔演讲后并赋诗一首：

岐黄昔日几蒙尘，放肆西风虐杏林；
义激承公扬国粹，复苏针道起江阴。
菲菲桃李香中外，郁郁医文融古今；
一代先驱开大业，今朝举世慕金针。

此外，王雪苔喜欢观赏名胜古迹，游览名山大川。他认为这样做，一则可以陶冶情操，开阔胸襟；二则可以增加历史知识；三则可以锻炼身体，有益健康。在游览中，面对大好河山他往往兴之所至即随兴赋诗一首。其中也不乏佳句。如1981年5月在苏州编书时，曾和彭静山老教授赋“馆娃宫怀古”一首：

虎丘烟雨染吴中，古寺寒山夜半钟，
多少风流成往事，灵岩空锁馆娃宫。

这首诗很得与会各位专家的好评。张缙教授还把这首诗收到他所著的《针余诗草》（黑龙江人民出版社，1998年10月）中。现在读起来还能感受到当时的情景。专家们白天沐着晚春的蒙蒙细雨，夜里聆听历史的钟声，紧张的工作之暇游览灵岩山馆娃宫回来以后，互相以诗唱和，抒发怀古之幽情。

王雪苔从事中医工作60年，他将针灸学从古引到今，再从内推向外，促进了针灸学的现代化和国际化。他的一生是为中国针灸事业奋斗拼搏、勤勤恳恳、忘我工作的一生，是教书育人、为培养中医针灸人才呕心沥血、无私奉献的一生。他治学严谨、平等待人、扶掖后学的精神，以及他对中医事业特别是针灸事业的贡献使得他在国内外针灸界享有很高的威望。

2008 年 9 月 2 日，王雪苔因病医治无效逝世。

（撰稿人　岗卫娟　黄龙祥）

# 《中华中医昆仑》丛书 150 位医家名录

（按生年排序）

| | | | | |
|---|---|---|---|---|
| 张锡纯 | 丁甘仁 | 萧龙友 | 王朴诚 | 恽铁樵 |
| 曹炳章 | 冉雪峰 | 谢　观 | 施今墨 | 汪逢春 |
| 孔伯华 | 黄竹斋 | 吴佩衡 | 蒲辅周 | 陈邦贤 |
| 李翰卿 | 李斯炽 | 姚国美 | 陆渊雷 | 张泽生 |
| 时逸人 | 张梦侬 | 叶橘泉 | 王聘贤 | 陈慎吾 |
| 邹云翔 | 赵炳南 | 承淡安 | 余无言 | 刘惠民 |
| 岳美中 | 沈仲圭 | 秦伯未 | 赵锡武 | 韦文贵 |
| 程门雪 | 黄文东 | 赵心波 | 董廷瑶 | 吴考槃 |
| 章次公 | 石筱山 | 陆南山 | 张赞臣 | 李聪甫 |
| 刘绍武 | 陈存仁 | 朱仁康 | 陆瘦燕 | 姜春华 |
| 韩百灵 | 高仲山 | 李克绍 | 王鹏飞 | 刘春圃 |
| 金寿山 | 哈荔田 | 何世英 | 周凤梧 | 干祖望 |
| 关幼波 | 王为兰 | 任应秋 | 罗元恺 | 祝谌予 |
| 杨医亚 | 郭士魁 | 何时希 | 耿鉴庭 | 俞慎初 |

| | | | | |
|---|---|---|---|---|
| 裘沛然 | 顾伯华 | 江育仁 | 邓铁涛 | 门纯德 |
| 刘渡舟 | 尚天裕 | 朱良春 | 李玉奇 | 程士德 |
| 尚志钧 | 赵绍琴 | 董建华 | 米伯让 | 李辅仁 |
| 张珍玉 | 班秀文 | 颜正华 | 于己百 | 颜德馨 |
| 路志正 | 方药中 | 王乐匋 | 黄星垣 | 谢海洲 |
| 余桂清 | 何　任 | 王子瑜 | 程莘农 | 陈彤云 |
| 焦树德 | 张作舟 | 张　琪 | 李寿山 | 张镜人 |
| 王绵之 | 方和谦 | 印会河 | 王玉川 | 蔡小荪 |
| 李振华 | 马继兴 | 王嘉麟 | 宋祚民 | 刘弼臣 |
| 王雪苔 | 刘志明 | 吴咸中 | 李今庸 | 任继学 |
| 裴学义 | 王宝恩 | 周霭祥 | 贺普仁 | 唐由之 |
| 赵冠英 | 许润三 | 金世元 | 陆广莘 | 刘柏龄 |
| 徐景藩 | 吉良晨 | 吴定寰 | 沈自尹 | 王孝涛 |
| 张灿玾 | 周仲瑛 | 强巴赤列 | 张代钊 | 李经纬 |
| 郭维淮 | 柴松岩 | 苏荣扎布 | 陈可冀 | 李济仁 |
| 夏桂成 | 郭子光 | 巴黑·玉素甫 | 张学文 | 陈介甫 |